Iris Oexler

Es geht um Dein Herz

Iris Oexler

Es geht um Dein Herz

His arms are open

Fromm Verlag

Imprint

Cover image: www.ingimage.com

Publisher:
Fromm Verlag
is a trademark of
International Book Market Service Ltd., member of OmniScriptum Publishing Group
17 Meldrum Street, Beau Bassin 71504, Mauritius

Printed at: see last page
ISBN: 978-620-2-44258-9

Aufbewahrt im Herzen

Es sind die wesentlichen Ereignisse in unserem Leben, die wir in unserem Herzen aufbewahren. Wir sammeln dort unsere persönlichen Schätze. Kein anderer hat darauf Zugriff. Niemand kann sie einsehen oder sie bewerten.

Wir legen sie oft auch nicht bewusst dort ab, im Schatzkästchen unseres Herzens. Und manchmal treffen wir ganz unvorbereitet auf diese Schätze. Es kann eine Begegnung sein, ein Gespräch, ein Teil der Schöpfung, der sich vor uns auftut, ein Geruch, den wir plötzlich wahrnehmen. Oder auch das Empfinden eines Déjà-vu Erlebnisses. Die Musik vermag es ebenso, uns Zugang zu verschaffen, zu den Kostbarkeiten unseres Herzens.

Das Gefühl, das aufsteigt, ist einer tiefen Vertrautheit ähnlich. Fast wie ein berührt werden im Geiste, eine Reise zum Innersten, eine Reise in die Vergangenheit. Die Perlen des Herzens, wie ich dieses Gefühl jetzt nennen möchte, kommen meist unvorbereitet ans Tageslicht. Ihr Auftauchen dauert nur ein paar Augenblicke. Sie erfüllen mich mit Liebe und Dankbarkeit.

Ich hatte ein ganz wunderbares Erscheinen meiner Herzensperlen, beim Treffen auf einen blauen Arbeitskittel. Abgegriffen und unbeachtet hing er im Keller an einem Haken. Viele Male bin ich daran vorbeigegangen, ohne ihn zu beachten. Und dann kam er plötzlich in mein Bewusstsein. Ich habe ihn angefasst und mein Gesicht darin verborgen. Es war ein wunderschöner Moment, den mir die Schatztruhe meines Herzens eröffnete. Plötzlich hielten mich vertraute Gerüche, Geräusche und Berührungen aus meiner Kindheit gefesselt. Für einen Wimpernschlag lang waren sie in mir wiedergeboren.

Der Arbeitskittel gehörte meinem Vater, der bereits viele Jahre verstorben war. Für einen Augenblick war er kurz in mir auferstanden, mit allem was ihn ausmachte. Die Bartstoppeln im Gesicht, wenn ich ihn als Kind auf die Wange geküsst hatte, konnte ich spüren und der mir vertraute Geruch seines Rasierwassers stieg in meiner Nase auf. Die Perlen meines Herzens haben mich unverhofft beschenkt.

Im Lukasevangelium 2, 41 ff. lese ich über Marias Erlebnisse mit ihrem heranwachsenden Sohn Jesus. Jesus war als Zwölfjähriger mit seinen Eltern beim Passahfest in Jerusalem. Nach den Feierlichkeiten machten sich alle auf den Heimweg. Nur Jesus blieb unbemerkt zurück.

Sie waren schon länger unterwegs, als die Eltern bemerkten, dass der Sohn fehlte. Nach drei Tagen entdeckten sie ihn im Tempel.

„Kind!“ sagte seine Mutter Maria zu ihm. „Wie konntest du uns das antun? Dein Vater und ich waren in schrecklicher Sorge. Wir haben dich überall gesucht.“

„Warum habt ihr mich gesucht?“ fragte Jesus. „Ihr hättet doch wissen müssen, dass ich im Hause meines Vaters bin.“ Doch sie verstanden nicht, was er damit meinte. Daraufhin kehrte er mit ihnen nach Nazareth zurück und war ihnen ein gehorsamer Sohn.

In Lukas 2, 51 steht: „Maria bewahrte sich all diese Dinge in ihrem Herzen.“

Im Leben einer Mutter gibt es viele Situationen, die so wertvoll sind, dass sie im Herzen gut aufgehoben sind.

Maria weiß um diesen Schatz, der unerreichbar für andere ist und sich immer wieder unverhofft im Laufe ihres Lebens zeigt.

Sie kann immer wieder darauf zurückgreifen, auch an schlechten Tagen.

Das Herz sieht zu kurz

Ist mein Herz wirklich zu verhärtet, um zu verstehen?

Jesu fragt dies seine Jünger in Markus 8,17. Er spricht vom Sauerteig der Pharisäer und dem Sauerteig des Herodes, während sie gemeinsam über den See fahren.

Die Jünger glauben, er ziehe diesen Vergleich zum Sauerteig, weil sie kein Brot mitgenommen hatten. Jesu weiß, dass die Jünger ans Essen denken. Jesu wird ungeduldig und er muss seinen Gedanken Luft machen. Warum macht ihr euch Sorgen darüber, dass ihr nichts zu essen habt? Werdet ihr denn nie lernen oder begreifen? Sind eure Herzen zu verhärtet, um das zu verstehen? Ihr habt doch Augen - könnt ihr nicht sehen? Ihr habt doch Ohren - könnt ihr nicht hören? Erinnert ihr euch denn nicht?

Jesu erklärt ihnen die Zusammenhänge erneut. Was ist mit den fünftausend Männern, die ich mit fünf Broten satt gemacht habe? Wie viele Körbe voller Reste habt ihr anschließend gesammelt?

Sie sagen: "Zwölf Körbe!"

Die Männer begleiten ihn Tag und Nacht und erleben jeden Tag seine Taten, die nach menschlichem Ermessen nicht möglich sind. Wunder, die Jesu in seiner Umgebung und an den Menschen tut, die an ihn glauben.

Und trotz dessen die Jünger das alles hautnah miterleben, denken sie menschlich. Sie spüren Hunger und sind beunruhigt, weil sie vergessen haben Proviant mitzunehmen.

Dabei haben die Jünger im Zusammenleben mit Jesu doch gute Erfahrungen gemacht. Sie müssten wissen, dass sie ihm vertrauen können!

„Sind eure Herzen zu verhärtet um das zu verstehen?“, fragt Jesu.

Ich würde ihm antworten: Ja, Herr, ich glaube sie sind es. Wir haben einen sehr misstrauischen Egoisten in uns, der sich sein Geld und die Liebe seiner Mitmenschen schwer verdienen muss. Der Angst hat, er könnte zu kurz kommen.

Das ist menschlich. Das steckt in uns. Du möchtest, dass wir mit dem Herzen sehen. Du möchtest, dass wir unsere Augen und Ohren benutzen, um über den Tellerrand hinauszugucken. Unser Leben sehen, welches du uns als großes Wunder geschenkt hast. Deine Schöpfung sehen, die so wunderbar aufeinander abgestimmt ist.

Wir können uns das Leben nicht verdienen. Und es auch durch keine unserer Sorgen und Mühen auch nur einen Moment verlängern.
Ich sehe mit dem Herzen die Situationen, die du in meinem Leben bereits verändert hast.
Ich habe mich im Gebet an dich gewandt, weil ich keinen Ausweg wusste. Du hast mich nie im Stich gelassen. Danke Gott, danke.

Deine Schöpfung

Ich sehe wie schön du die Welt gemacht hast. Unglaublich schön. Aufeinander abgestimmt jedes noch so kleine Detail.

Gott, du machst meine Tage warm und freundlich. Danke.

Der Herr ist mein Hirte, nichts fehlt mir

Unbekümmert lausche ich Johannes Hartl und seiner Band, die das Lied „Der Herr ist mein Hirte, nichts fehlt mir" spielen. Und ich glaube wirklich daran, was ich da höre und mitsinge. Ich glaube, dass Gott in allen Lebenslagen bei mir ist. Er geht jeden Tag, jede Stunde mit mir. Durch die Hellsten und die Dunkelsten. Er ist bei mir, wenn mich die Sorgen und die Verantwortung überlasten, die ich in meinem Alltag trage.

Ich versuche zu verstehen, warum ich es so erlebe, dass die Verantwortung mir die Lust an der Sache nimmt. Warum ich strenger, kleinlicher, misstrauischer, ängstlicher bin, wenn ich mich verantwortlich zeige. Sei es bei den Vorbereitungen auf den Jubiläumsgottesdienst des Hospizvereines in unserer Stadt, den ich gemeinsam mit meinem Vocalensemble gestalten darf oder beim Lobpreis in unserer Gemeinde. Ich habe mich lange damit auseinandergesetzt, wo das wohl seinen Ursprung findet. Je mehr ich in der Verantwortung bin, desto besser soll es gelingen. Da werden die Vorbereitungen minutiös getroffen und ich würde mir wünschen, alle Eventualitäten auszuschalten. Dahinter steht wohl die Angst, nicht gut genug zu sein.

Aber natürlich funktioniert das so nicht. Und selbstverständlich braucht die Liebe zum Menschen und zur Gemeinschaft eines vor allen Dingen: Freiheit statt Kontrolle! Vertrauen statt Überwachung! Begeisterung statt Missmut! Und jede Menge Zuversicht!

Und wie komme ich dahin? Diese Enge muss ich in eine Weite verwandeln, in der Liebe und Vertrauen dazu führen, dass in Gemeinschaften sich Menschen zusammenfinden, deren verschiedene Begabungen und Freude am Tun ein wunderbares Miteinander gelingen lassen.

Das schließt natürlich gute Vorbereitung nicht aus!

Aber es gibt ihr keinen übergeordneten Raum!

Wo die Zusammengehörigkeit und die Nähe zu Gott gut ihren Platz finden können und die Zweifel in die zweite Reihe rücken, entsteht Lust und Freude! Da gibt es plötzlich einen weiten Raum wo Ideen Platz haben und die Lust Neues zu wagen sich ausbreitet! Gelassenheit und Mut gesellen sich dazu und die Überforderung weicht!

Die Voraussetzung für dies alles ist, dass ich mir und meinem Gott im Alltag genügend Platz lasse. Ich möchte mir den Kopf immer wieder frei machen und mit Lob für meinen Herrn füllen.

Das ist sicher ein lebenslanges Lernen, den Kopf trotz der schlechten Erfahrungen nicht in den Sand zu stecken und die Begeisterung immer wieder neu aufflammen zu lassen. Und es steckt die Überzeugung dahinter: Der Herr ist mein Hirte, nichts fehlt mir!

Der innere Antreiber

Nett, selbstbewusst und intelligent, gut organisiert. So zeigen wir uns.

In Gesprächen kristallisiert sich heraus, dass der Fokus sich sehr stark auf die eigene Leistungsfähigkeit konzentriert.

Bei allem was an grenzwertigen oder grenzüberschreitenden Erfahrungen in der Vergangenheit passiert ist, versucht sich die Liebe ihre Berechtigung durch Erfolge zu verdienen.

Durch diese Haltung: Ich leiste, also bin ich, verliert sich die Freude am Leben, weil wir Menschen es beim besten Willen auf Dauer nicht schaffen, nur zu funktionieren. Allerspätestens dann, wenn sich dieser Leistungsanspruch nicht mehr erfüllen lässt, fällt das Kartenhaus in sich zusammen.

Worte wie Burn-Out oder Depression gehören plötzlich zu unserem Wortschatz. Plötzlich funktioniert nichts mehr wie gewohnt!

Die Lebensumstände und die eigene Erschöpfung lassen die tägliche Höchstleistung nicht mehr zu.

Und wirklich erst dann, wenn der Anspruch sich nicht mehr befriedigen lässt, kommt da einiges ans Tageslicht.

Sei stark - Sei perfekt - Mach es allen Recht - Streng dich an - Mach schnell, heißen die inneren Antreiber.

Sie stecken hinter der großen Anforderung, die viele von uns an sich stellen.

Und die Antreiber haben wenig Sinn für Schwäche und innere Freiheit.

Ich bin überzeugt, dass es bei vielen Menschen einen Verlust der Wahrnehmung für die eigenen Gefühle und Bedürfnisse gibt.

Die inneren Antreiber haben es sich schon längst in uns häuslich eingerichtet, ohne dass wir diese garstigen Untermieter überhaupt wahrnehmen.

Es ist eine Art Selbstverstümmelung, die mit ihnen Einzug hält.

Der Schlüssel zur Liebe

Wenn ich mich wundere, warum ich in meinen Beziehungen nicht weiterkomme, stehe ich immer wieder vor der Frage, ob mein Ego mal wieder größer ist, als die Bedürfnisse und Anliegen des Anderen.

Der Schlüssel zur Liebe liegt in der Fähigkeit, Barmherzigkeit füreinander empfinden zu können.
„Ertragt einander in Liebe und seid darauf bedacht, zu wahren die Einigkeit des Geistes durch das Band des Friedens, " steht in Epheser 4

In meinen Beziehungen kämpfe ich immer wieder darum, dass meine Belange auch entsprechend gesehen und gewürdigt werden. Aber die Liebe wird dort deutlich, wo es mir gelingt, einen Schritt zurückzutreten und für das Wohl des Anderen zu verzichten.

Bei allen Zugeständnissen des Alltages, bei denen deutlich wird, „das tue ich nur aus Liebe zu dir" zeigt sich göttlicher Friede in der Liebe zum Anderen.
Sie zeigt sich klar im Handeln und im Verzicht auf eigene Belange.
Barmherzigkeit begründet sich darin, dass ich mit meinem Handeln oder Verzicht die Not des anderen lindern möchte. Das bedeutet oft, dass ich mich und meine eigenen Bedürfnisse hinten anstellen muss. Das ist erstens vollkommen gegen den aktuellen Lifestyle, bei dem jeder sich selbst der Nächste ist und zweitens auch richtig schwer durchzuhalten.

Dass ich lerne abzugeben, was mir vermeintlich zusteht. Dass ich dort nah bin, wo es bequem ist, weit weg zu sein.

Barmherzigkeit lebt dort, wo ich teilen möchte. Wo ich nicht den größten Anteil für mich behalte!
Barmherzigkeit leben heilt Beziehungen, weil sie gnädig ist und die Schuldfrage indiskutabel macht. Außerdem zeigt sie sich in den Momenten, in denen ich mich auf den Augenblick der Begegnung einlassen kann und meine Meinung leise äußere, obwohl ich eigentlich denke besser zu wissen was richtig oder falsch ist.

Werden wie der Vater im Himmel. Immer mehr versuchen den Christus in uns sichtbar zu machen. So wie Jesus den Menschen begegnet ohne zu bewerten. Ohne dass seine schlechten Erfahrungen im Hintergrund ablaufen. Ohne Angst und Verbitterung. Einfach nur nah sein. Da sein. Offen sein für Begegnung.

Erwachsen und strukturiert oder werden wie die Kinder

Sagen wir mal so: Ich kenne die Tage, wo sich die Fröhlichkeit nicht unbedingt unmittelbar nach dem der Wecker klingelt, bei mir einstellt. Und da frag ich mich natürlich, was an meiner Haltung nun wieder falsch ist oder was ich doch anders machen könnte!

Da merke ich, wie tief der Alltag seine Spuren hinterlassen hat, und wie freudlos, wenn auch sehr dankbar, ich mein Leben abarbeite. Und dabei steht gar nicht der Lehrer, mein Mann oder der Chef mit dem Zeigefinger hinter mir! Nein, ich bin das schon selber, die sich die Messlatte so hoch hängt. Und ich merke wie die Anstrengung, die Latte im Hochsprung noch zu erwischen, immer mehr das strenge Regime in mir anführt! „Leg doch nochmal eine drauf! Streng dich an! Stell dich nicht so an!" spornt mich mein innerer Antreiber an.

Da bin ich wütend und frage mich, wie ich all das noch schaffen soll. Ich konfrontiere Gott mit meiner Wut. Ich sage ihm, dass ich nicht mehr kann und keine Kraft mehr habe. So werde ich ein bisschen von meinem Frust los. Ich beruhige mich etwas und schaffe es einen Blick in die Bibel zu riskieren.

Aber Jesus rief sie zu sich und sprach: Lasset die Kindlein zu mir kommen und wehret ihnen nicht; denn solchen ist das Reich Gottes. Wahrlich ich sage euch: "Wer nicht das Reich Gottes annimmt wie ein Kind, der wird nicht hineinkommen." (Lukas 18,16 + 17)

Als ich das lese, fühle ich mich unverstanden und es kommt mir doch erst mal die Galle hoch! Von dem sorglosen Leben eines Kindes bin ich doch Lichtjahre entfernt! Du verlangst Unmögliches von mir, Herr! Ich habe Schmerzen und kann grade gar nicht positiv denken!

Trotzdem weiß ich aus meinen bisherigen Erfahrungen aus einem Leben mit dir, dass es mir irgendwie weiter hilft, wenn du mittels der Bibel zu mir sprichst!

Ich bleibe also nicht trotzig wie ein Kind, weil ich denke, dass Du mir mit dem Vers aus Lukas etwas sagen willst, Herr!

Ich weiß, dass du die Welt Kopf stehen lässt, mein Gott! Nicht der ist der Größte, der sich am besten durchsetzen kann und auch nicht der, der die besten Argumente findet! Nicht Macht und Geld sind entscheidend für ein ewiges Leben mit und bei dir!

Nein, du sagst, wer das Reich Gottes nicht annimmt wie ein Kind, der wird nicht hineinkommen! Wir sollen also das Reich Gottes annehmen wie die Kinder.

Ich überlege was Kinder denn so liebenswert macht.

Kinder sind unschuldig, offen und neugierig. Sie sind ehrlich, loyal und unbeschwert. Sie leben im Augenblick und genießen diesen, oder sie schreien all die Ungerechtigkeiten hinaus, die ihnen begegnen. Kinder verbringen so gerne Zeit mit den Menschen und Tieren, die sie lieben. Sie nehmen sich und ihre Gefühle wichtig. Sie können sich vollkommen im Moment vergessen und alles andere um sich ausblenden.

Meinst du einiges davon, wenn du sagst Jesus, wir sollen das Reich Gottes annehmen wie die Kinder, um in dein ewiges Reich zu kommen? Die Zeit und die Hingabe für dich; die Sehnsucht und Nähe nach dem Alltag mit dir?

Das heißt aber dann wohl auch, dass dich die Staubflusen im Schlafzimmer nicht so sehr stören wie mich und dass du auch damit leben kannst, wenn wir bei uns zu Hause nicht vom Fußboden essen können, weil wir ja auch Teller haben? Und wie ist das, wenn ich meine Autoschlüssel oder meinen Geldbeutel mal wieder wie verzweifelt suche? Du meinst ich könnte mich mal genüsslich im Wohnzimmer niederlassen und alte Fotos auszubreiten?

Du denkst also, ich muss gar nicht die super organisierte Heldin mimen, weil du es gern hast, wenn ich mir Zeit nehme um in mir wieder Frieden zu finden?

Dir ist also mein innerer Frieden wichtiger, als die schlecht gelaunte launische kraftlose Tochter, die ich grade abgebe.

Da merke ich, dass in mir schon länger die Lieder verstummt sind. Und die Klänge, Melodien und die Träume.

Ich werde sicher noch lange daran knabbern, bis ich gelernt habe dein Reich anzunehmen wie ein Kind! Und wenn du mir nicht hilfst, werde ich es möglicherweise gar nicht schaffen. Aber ich kann ja wie ein Kind zu dir kommen, um dich zu bitten, mir zu helfen.

Es gibt einen Plan und es ist alles vorbereitet

Ich bin gerade in einer Phase meines Lebens, wo ich nicht sehe, wie es weiter gehen kann.

Nach längerer Krankheit, steht die Wiedereingliederung in mein Berufsleben an und ich fühle mich dem nicht gewachsen. In den letzten 27 Jahren meines Arbeitslebens ist es mir immer irgendwie gelungen, genügend Kräfte zu mobilisieren. Es war ein schleichender Prozess, der mich am Ende mit einem körperlichen Zusammenbruch aus dem Berufsalltag katapultierte.

So erlebe ich diese Tage als Grenzerfahrung.

Jetzt lese ich bei Markus 14,12 wie die Jünger mit Situationen umgingen, wo sie den nächsten Schritt der notwendig war, nicht sehen konnten.

Es geht um die Vorbereitungen zur Feier des Passahmahles, welches sie in der Gemeinschaft mit Jesus als „letztes Abendmahl" erleben werden. Jesus hatte kurz zuvor schon deutlich gemacht, dass er nicht mehr lange bei ihnen sein wird. Ich kann mir vorstellen, wie die Jünger in dieser Phase unsicher, bedrückt und sorgenvoll durch die Tage gingen.

Es war also der erste Tag des Festes, an dem die Passahlämmer geopfert wurden. Und wie Jesus hatten alle, die ihm folgten, die gleiche Lebensform. Sie waren Reisende, waren dauernd unterwegs und hatten keinen Ort, an welchen sie sich zurückziehen konnten. Die Welt wurde ihr zu Hause.

Es scheint mir, als wäre das zum Selbstverständnis geworden, was für mich kaum vorstellbar ist. Ich bin da wenig spontan. Ich möchte morgens wissen, wo ich abends schlafe.

Die Jünger haben keine Ahnung, wo sie hingehen und das Passahfest vorbereiten sollen.

Aber sie fragen Jesus. Es ist für sie selbstverständlich, dass er eine Antwort hat! Jesus schickt zwei von ihnen nach Jerusalem. „Wenn ihr in die Stadt kommt“ sagt er zu ihnen, „wird euch ein Mann begegnen, der einen Krug Wasser trägt.

Folgt ihm. Geht in das Haus, welches er betritt, und sagt zu dem Besitzer des Hauses: „ Unser Lehrer lässt fragen, wo ist der Raum, in dem ich mit meinen Jüngern das Passahmahl feiern kann?“ Der Hausherr wird euch nach oben in einen großen Raum führen, der für das Festmahl schon hergerichtet sein wird. Das ist der Ort. Dahin geht und bereitet unser Mahl vor.

Ob es leicht war für die Jünger den Mann in Jerusalem nach dem Raum für die Feier zu fragen? Ist es so, dass sie ihre Erfahrungen mit Jesus bereits gelehrt hat, dass sie sich einfach darauf einlassen können? Ich denke ja. Sie sind schon länger mit ihm unterwegs. Sie wissen Jesus hat einen Plan. Er hat die Situationen im Griff, es ist nichts unvorbereitet oder Zufall.

Jesus weiß, was als nächstes dran ist. So wirkt Gott. Er bereitet in Jerusalem die Situation vor, die die Jünger vorfinden werden.

Der Mann mit dem Wasserkrug, der in das Haus geht, dem sie folgen werden. Der Besitzer, den sie fragen werden, und der den Raum schon vorbereitet hat. Was dieser Besitzer wohl für Erlebnisse hatte, um alles für Jesus bereitzustellen?

Weil die Jünger diese Wirkungsweise kennen, folgen sie den Anweisungen ihres Herrn.

Das sollte ich auch tun. Ihn fragen. Ihm zuhören. Und das tun, was er sagt. Aufmerksam sein und seinen Willen erkennen. Und dann einfach das machen, was ich von ihm höre.

Um hören zu können, was Jesus spricht, muss ich nah dran sein. Aus der Ferne versteht man Gesprochenes nur schlecht oder gar nicht. Deshalb möchte ich nah dran sein an Jesus. Um verstehen zu können, was als Nächstes kommen soll. Danke Jesus, dass du einen Plan für mein Leben hast!

Es ist kein anderes Gebot größer als die beiden

Was ist falsch? Was ist richtig? Oft überlege ich, wäge ab, sehe es von verschiedenen Seiten an. Ich denke mir wie Gott das wohl sehen würde, und handle dann doch nicht dem entsprechend.

Die Fragen nach der richtigen Lösung, dem richtigen Verhalten und der guten Reaktion überfordern mich im täglichen Leben oft, und ich handle leider immer wieder nach meinen bekannten Mustern.

Ich gehe die breiten Wege und nicht die schmalen Pfade, die ich meinen Erkenntnissen zufolge, neu beschreiten möchte.
Sage die „alten“ verletzenden Worte und nicht die des Verständnisses und der Zuversicht.
Im Alltag ist mir vieles nicht so klar, wie jetzt, wo ich mir Zeit nehme und im Neuen Testament lese.

Hier in Markus 12,28-34 steht, ich kann Grundlagen für meine Beziehung zu Gott schaffen.

Und ich weiß, wenn ich gute Grundlagen habe, kann ich auch gute Entscheidungen treffen.

Jesus selbst sagt:“ Das höchste Gebot ist, der Herr unser Gott ist Herr allein und du sollst den Herrn, deinen Gott lieben von ganzem Herzen, von ganzer Seele, von ganzem Gemüt und mit all Deiner Kraft. „ (Markus 12,29)

Und weiter heißt es:“ Du sollst deinen Nächsten lieben wie dich selbst
Es ist kein anderes Gebot größer als die beiden.“

Diese Aussagen sind vollkommen klar. Da muss ich nichts hinzufügen und nichts hinein interpretieren.
Da geht darum, Gott den ersten Platz in meinem Leben einzuräumen. Es geht um eine Beziehung zu ihm, zu meinen Mitmenschen und es geht um mich selbst.

Gott ist also meine Nähe wichtig. Wie schön, dass er Nähe mit mir möchte.
Wie soll das aussehen?
Ich kann mir vorstellen, wie das aussehen soll.
Fordere ich diese Nähe doch insgeheim von meinen Kindern ein.
Nicht so klar formuliert, aber ich denke, sie wissen es.
Ich möchte gerne dass die Kinder oft vorbeikommen, dass Sie uns besuchen, nicht nur (aber auch) wenn Sie Hilfe brauchen.

Es ist auch schön, wenn wir telefonieren oder in wichtigen Situationen dem anderen bewusst machen, dass wir an ihn denken.
Oder eine Karte im Briefkasten finden. Eine kurze Nachricht übers Handy, ein kurzes Zeichen: Ich bin da, bin bei dir.

Ich kann das also gut nachvollziehen, Gott.
Du freust dich, wenn ich dir täglich begegne, im Gebet, in der Gemeinde oder beim Bibellesen. Das stärkt mich, meine Entscheidungen und meinen Umgang mit meinen Mitmenschen. Ich fühle mich sicherer und ich lerne das Richtige zu tun.

Ich möchte öfter Gemeinschaft mit dir, Gott.
Einfach so und auch wenn ich deine Hilfe brauche!

Frieden braucht Ermutiger

Gewalt ist an der Tagesordnung.

Gewaltlos zu leben und zu erziehen. Diesen Frieden wünsche ich mir.

Und doch vermag ich ihn selbst nicht zu geben.

In meiner Kritik, in meiner Wut, in meinen täglichen Begegnungen schwingt immer die In-Besitznahme meines Gegenübers mit.

Wie ich es gerne habe, wenn die täglichen Aufgaben so erledigt werden, wie ich es mir wünsche! Wie vernichtend meine Gedanken sein können, wenn es nicht so läuft wie ich es gerne hätte, ist manchmal erschreckend für mich!

Herr, du kennst alle meine Gedanken. Und ich muss mich nicht schämen bei dir. Du möchtest mir dabei helfen, so zu leben, dass Dich alle in mir erkennen können.

Es fällt mir auf, dass ich nicht so gewaltlos handeln und denken kann wie Du.

Immer wieder ist die Situation schneller vorbei, als es mir gelingt, liebevoll auf die Belange anderer zu reagieren. Immer wieder fühle ich mich gekränkt und ausgegrenzt.

Es macht mir Hoffnung, dass ich immer wieder aufs Neue versuche es besser zu machen.

In Markus 12, 34 sieht Jesus die Einsicht eines Schriftgelehrten. Dieser Mann sagt Jesus zu, dass er weiß, es ist richtig Gott mit all seiner Kraft und all seinen Gedanken und von ganzem Herzen zu lieben und den Nächsten zu lieben, wie sich selbst.

Als Jesus sah welche Einsicht dieser Mann besaß, sagt er zu dem Schriftgelehrten: „Du bist nicht weit vom Reich Gottes entfernt!“.

Da wage ich es zu glauben, dass auch meine Einsicht mich auf einen Weg bringt, hin zu Gott.

Dass sie mir hilft, diesen Frieden in mir erleben zu dürfen und ihn auch weitergeben zu können. Den Frieden und die Gewaltlosigkeit, die Jesus uns während seiner Zeit auf der Erde immer wieder vorlebt.

HEIMKOMMEN

Je älter ich werde, desto mehr kehre ich zu mir selbst zurück.

Die Suche im Außen darf sich kehren, in ein Heimkommen nach Innen!

Die Zeit, die ich mit mir selber verbringen darf, wird wertvoller.

Willkommen zu Hause!

Ich weiß um meinen wunden Punkt

Ich weiß, du musst ihn ansprechen, meinen schmerzhaften Punkt, Herr. Die Kapitulation bleibt mir nicht erspart.

Doch du nutzt diesen Moment nicht aus. Du drängst mich nicht!

Es genügt mein Problem zu benennen und darüber mit dir im Gespräch zu bleiben.

Auch wenn ich dir nichts Bedeutsames, Vorzeigbares zu berichten habe. Keine großen Erfolge. Eigentlich gar nichts was von Belang ist.

An diesem Ort, Herr, wartest du auf mich. Dort im Nichts.

In der Kapitulation. Da wo ich aufhöre an den Strippen zu ziehen. Da wo ich nicht weiter kann.

Wo du mir das Geschenk des Innehaltens gemacht hast.

Damit ich da sein kann, wo du bist. Im Jetzt. Im Hier. Angekommen.

Jünger sein

Ihr habt es getan.
Euer Heute und euer Morgen in seine Hände gegeben.
Nicht auf das tägliche Hamsterrad mit seiner vermeintlichen Sicherheit vertraut.
Das angenehme Gefühl der monatlichen Gehaltszahlung habt ihr eingetauscht für ein Leben, in dem Unvorstellbares möglich werden kann. Im Dienen, Leben und Hören auf Gott. Wie das gehen soll?

Ich weiß es nicht. Noch nicht, aber ich möchte mich danach ausstrecken, Herr.

Kann ich mir den Widerstand leisten??

Die einzelne Stimme eines Andersdenkenden verschafft sich Gehör.

Das gibt es in der Geschichte der Menschheit immer wieder.

Auch heute gibt es Menschen, die mit ihrem enormen Wissen und mit ihrer Meinung auch gegen den Mainstream nicht hinter dem Berg halten.

Menschen, die für uns Mitmenschen eine klare Botschaft haben.

Dr. Daniele Ganser

Ein Historiker, Energie- und Friedensforscher aus der Schweiz. Er sagt, dass sich tausende Menschen heute für Frieden und erneuerbare Energien engagieren.

Seiner Meinung nach können Wissenschaftler helfen einen Teil der Lügen und der Brutalität zu überwinden, die unsere Welt leider immer noch prägen.

Ich finde in meinen Recherchen nichts über seine Religionszugehörigkeit.

Seine Erkenntnisse machen mich tief betroffen.

Ich mag seine Art. Er versinkt nicht in Hoffnungslosigkeit, sondern sagt, dass er die Menschen dazu ermutigen möchte miteinander im Gespräch zu bleiben. Solange ein Gespräch sachlich und friedlich ist.

Er kennt Verleumdung und Denunzierung sehr gut.

Ich bin dankbar, dass es Menschen wie ihn gibt. Es scheint, als lasse er sich nicht verbiegen.

Sein Wissen über das Geschehen auf unserer Welt ist fundiert. Was er sagt ist logisch und für jedermann verständlich.

Er hat eine klare Botschaft. Es gibt keine humanitären Kriege, genauso wie es keine liebevolle Vergewaltigung gibt.

Das Böse kann man nicht mit Gewalt ausmerzen. Das geht nicht. Sonst hätten wir es ja schon lange geschafft, weil wir ja in den letzten 2000 Jahren schon sehr viel Gewalt eingesetzt haben. Aber das Böse ist immer noch da.

Das Leben ist heilig. Und das steht über allem anderen.

Dr. Johannes Hartl

Er ist deutscher katholischer Theologe, Buchautor, Referent, Liedermacher. Gründer und Leiter des Gebetshauses in Augsburg. Ein Mann, der die Bibel wirklich gut kennt. Der es vermag seine Zuhörer mitzunehmen in die Welt, die er durch ein Erleben mit Gott auch ganz persönlich beschreibt.

2005 gründete er mit seiner Frau das Gebetshaus in Augsburg und seit 2011 verstummt dort das Gebet Tag und Nacht nicht mehr. Ich fühle mich wohl dort. Bei meinen Besuchen merke ich, wie in mir eine Tür aufgeht und ich in Gottes Gegenwart komme.

Johannes Hartl ist klar in seinen Aussagen. Er ist drangeblieben an den Ursprüngen des christlichen Glaubens. Er legt die Bibel so aus, wie es heute viele Christen nicht mehr hören möchten. Und doch hören sie ihm zu. Er hat etwas zu sagen, was die Leute im Herzen anspricht. Und natürlich auch polarisiert. Aber dazu steht er. Er kennt es, wenn Menschen ihn belächeln oder sich offen gegen ihn aussprechen.

Ich kann hier nur beschreiben, wie es für mich ist, wenn ich in unserer Zeit auf Menschen treffe, die eine deutliche Botschaft haben. Und ich kann sagen, wie gut ich das finde im Geschwafel der Medien, in der jeder redet und keiner mehr was zu sagen hat.

Ich frage mich, wie es denn um die Eindeutigkeit meines Denkens, Redens und Handelns steht. Vor meinem inneren Auge sehe ich Situationen an mir vorbeiziehen, in denen ich schweige, statt zu reden.

In denen ich abwarte und mir meinen Teil denke. Tue ich das, weil ich mir nicht schaden will? Weil ich Angst habe anzuecken? Oder weil schon so viel geredet wird und mir sowieso keiner zuhören wird?

Dabei stolpere ich über einen Bibelvers in Matthäus 5,6.

„Selig sind die, die da hungern und dürsten nach Gerechtigkeit, denn Sie sollen satt werden!“

Ich möchte Jesus folgen in meinem Alltag. Und dazu braucht es eine klare Botschaft!

Ich strecke mich aus nach Gerechtigkeit und öffne mich, mache mich verwundbar, jeden Tag aufs Neue.

Ich lebe mit meiner Unvollkommenheit und der Unvollkommenheit und Unmenschlichkeit die hier auf Erden herrscht. Ich strecke mich aus nach Gerechtigkeit! Im Kleinen und im Großen.

Lebensbeichten - die innere Aufräumtruppe

Ich erkenne immer mehr, dass die Persönlichkeitsentwicklung mit den Verstrickungen verschiedenster Umstände und Vorkommnissen im Laufe des Lebens eng verflochten ist. Mit wachsender Erkenntnis und der Bereitschaft, offen darüber zu kommunizieren sende ich Signale aus, die mein Gegenüber wahrnimmt. Als Reaktion darauf hat er im gleichen Maße das Bedürfnis, Gegebenheiten anzusprechen. Es ist, als ob sich lang verborgene Familiengeheimnisse auftun, die ans Licht wollen und die alten Muster dadurch zerfallen können. Ich spreche mit Menschen über das Unaussprechliche, was an Schuld und Selbstzerstörung in deren Lebensgeschichten und Schicksalen brach liegt.

In diesen Lebensbeichten hebt sich das Deckmäntelchen des Schweigens, welches über Ungerechtigkeiten und lang vergangener Schuld liegt und es kann Licht an die dunklen Seiten unserer Familiengeschichten kommen.

Aber es geht nicht um Schuldzuweisungen, sondern darum Heilung für uns selbst zu erlangen.

Diese Heilung finden wir, wenn wir in unserem Umfeld einen Menschen haben, bei dem vergangener Schrecken gut aufgehoben ist. Damit helfen wir uns gegenseitig, eigene Lebensgeschichten besser zu verstehen und Vergebung zu empfangen oder geben zu können. Und es hat nichts, gar nichts, mit Aufrechnung, Rache oder Verrat zu tun.

Ich habe erlebt, wie sich die tiefen Verletzungen langsam auflösen, wenn sie ans Licht dürfen. Wenn wir es erlauben, dass uns vertraute Personen tief in die Seele blicken dürfen.

Es braucht für diesen Weg der Heilung nur zwei Menschen.

Einen, der mutig ist und versucht die Wahrheit auszusprechen, weil er merkt dass die Vergangenheit schmerzt und eine große Last ist. Und einen anderen, der sich auf darauf einlassen kann, der den Schmerz nicht wegdrückt oder verniedlicht, sondern hilft die Wahrheit zu verarbeiten, die sich in den Tiefen des Schweigens der eigenen Geschichte geschrieben hat. Ein großes Versprechen des Unerwähnt Lassens gegenüber Dritten, verbindet die beiden durch das Geheimnis in unausgesprochenem Einklang.

Und so steht in der Bibel in Matthäus 18, 19-20:

Denn wenn zwei von euch hier auf der Erde darin eins werden, eine Bitte an Gott zu richten, dann wird mein Vater im Himmel diese Bitte erfüllen. Denn wo zwei oder drei zusammenkommen, die zu mir gehören, bin ich mitten unter ihnen.

Und eben weil Gott dann mitten unter uns ist, sind diese Gespräche heilsam und bringen uns in die Erkenntnis, dass wir Vergangenes geschehen lassen sein können. Wir dürfen dazu einladen, dass unsere Last mitgetragen wird, nämlich dem Menschen, den wir uns anvertrauen und Gott, der ja bei unserem Gespräch dabei ist und seine segnenden Hände über uns hält.

Lieben wie sich selbst

In unseren Familien und Partnerschaften gelingt es uns in der Regel nicht, unser wahres Gesicht zu verbergen. Da sind wir, wie wir sind, ohne Maske. Jesus möchte, dass wir selbst wissen, wer wir sind. Jesus hält es für wichtig, dass wir bei uns selbst anfangen. Er sagt in Markus 12,31: "Du sollst deinen Nächsten lieben wie dich selbst." Dieser Satz findet sich auch wieder in Jakobus 2,8. Ich habe den Teil des Satzes „lieben wie dich selbst" bisher nur am Rande wahrgenommen. Es geht darum, mich selbst zu erkennen, mich anzunehmen und zu lieben! Damit ist der Satz: „Du sollst deinen Nächsten lieben" erst komplett. Nur wenn ich meinen eigenen Wert kenne, werde ich auch das Wertvolle im Anderen sehen können! Ich kann mich erst von Missgunst, Neid, Kritiksucht und Bitterkeit befreien, wenn ich erkenne, dass ich wertvoll bin! Wenn ich denke, dass ich durch Leistungen, Opfer und Verbergen von Geschehenem glänzen muss, bin ich mir über meinen eigenen Wert noch nicht im Klaren! „Liebe deinen Nächsten wie Dich selbst" gibt eine gemeinsame Ebene in der Begegnung auf eine ehrliche, lebensbejahende Art und Weise!

Look for the light that leads you home

Ich will nachdenken übers Leben.
Schließlich steht am Ende für uns alle der gleiche Schritt.
Heraustreten aus dem Verstehen. Heraustreten aus dem Kreis des Lebens.
Hinein in eine Welt die uns unerklärlich, unbekannt und unverständlich ist.
Wir gehen nicht gemeinsam. Ein Jeder für sich allein.
Auf ganz unterschiedlichen Wegen, zu ganz unterschiedlichen Zeiten, auf ganz unterschiedliche Art.
Und der Grund bleibt uns verborgen, warum es sich das Leben so eingerichtet hat, zu kommen und zu gehen, ohne dass es uns fragt.
Und uns mit dem Tod zu versöhnen, bleibt wohl des Menschen große Qual.
Ob es gelingt, bleibt eine Variable bis zum Schluss.
Im Vertrauen auf den, der uns geschaffen hat und uns dieses einmalige Leben ermöglicht werden wir damit umgehen lernen. So wie viele Generationen vor uns.
Hier auf unserer Welt. Mitten drin im Universum.
Unerklärlich, unbeschreiblich und wunderbar.

Mein brennender Dornbusch oder ein Zimmer in München

Ich lese Bibel. Mose hütet die Herde seines Schwiegervaters. Da erscheint ihm ein Engel des Herrn in einer Feuerflamme, die aus einem Dornbusch schlägt.

Als der Herr sah, dass Mose herankam um diesen näher zu betrachten, rief er ihn aus dem Busch heraus an.

Mose und Gott. Gott und Mose. Die beiden kennen sich schon. Moses bisherige Lebensgeschichte deutet daraufhin. Aber nun offenbart sich Gott. Gott spricht Mose direkt an. Er schickt ihm Zeichen, die Mose neugierig machen, näher zu kommen.

Zuerst ein sichtbares Zeichen.

Dann ein „Herr, ich will sehen und hören was du für mich hast!"

Und dann spricht Gott.

Wie mag das heute aussehen? Wie spricht Gott heute?

Ist mir nicht in letzten Wochen auch einiges passiert? Nur ohne einen brennenden Dornbusch? Da gibt es etwas, was ich Dir erzählen möchte.

Mein Sohn erlebt gerade eine Krise. Er möchte sein Studium hinschmeißen.

Er sagt, wenn er weiterhin nach München pendeln muss, kostet ihn das wertvolle Zeit, die er zum Lernen braucht. Er schafft das so nicht. Es ist deutlich in seinem Gesicht zu lesen, dass er verzweifelt, und die Sache sehr ernst ist. Sein Leben war bisher - er ist jetzt 25 Jahre alt - nicht gerade wie aus dem Bilderbuch. Es war ein steiniger Weg und oft dachte ich schon, meine Welt bricht zusammen.

Er hat es bis hierher geschafft. Und nun? Alexander sagt, es ist völlig aussichtslos in München ein Zimmer zu bekommen, außerdem ist es sehr kostspielig. Also nicht gerade optimale Voraussetzungen, um es mal positiv zu formulieren. „Vergiss es!" sagt Alexander auf unsere Bemühungen ihn zu überzeugen, dass es doch mit einem Zimmer in der Nähe der Uni gelingen könnte. Das wäre doch ein Weg, damit er weiter studieren kann!

„Vergiss es", sagt er. „Weißt du wie viele Studenten ein Zimmer suchen?? Vergiss es!" Es gibt einen neuen Plan, sagt er uns. Er möchte eine Bar eröffnen. Wumms, das sitzt. Er ist sehr verzweifelt. Und wir, als seine Eltern, sind es auch.

So tragen wir das mit uns rum. Jeder auf seine Weise. Ich gehe auf die Knie vor Gott. Schaffe es in meiner Mutlosigkeit nicht zu ertrinken. Gott gibt mir die Kraft dazu. Ich danke Gott, dass er uns schon so oft geholfen hat. Ich hadere mit Gott, ich bitte ihn und weiß, er wird uns helfen. Hat Gott uns mit unserem Kind schon durch andere, wirklich aussichtslose Tiefen, gebracht. Plötzlich bekomme ich eine neue Zuversicht. Ich kann nach vorne schauen. Gott sagt zu mir, ich soll meinen Kindern mehr vertrauen.

Ich spreche nochmal mit Alexander, sage ihm, dass Gott uns helfen wird. Das ich Zuversicht von ihm bekommen habe. Alexander hört das nicht gern. Er glaube ja an Gott, aber nicht auf dieselbe Weise wie ich. „Immer bringst du bei allem Gott ins Spiel", beklagt er sich. Ja, das stimmt. Das ist meine Art und Weise durchs Leben zu gehen. Gott hat den Glaubensfunken in mich gelegt. Er hat mir immer wieder einen Weg gezeigt.

Zwei Tage später, es ist Sonntag, erleben wir auf unterschiedliche Art und Weise wie Gott mit uns ist.

Alexander arbeitet im Hotel an der Rezeption. Er begegnet einer Frau, die Christin ist. Also nicht, dass er jemals so ein Gespräch über Gott suchen würde, er muss sich ja mit mir schon genug überwinden. Er spricht mit ihr wohl über die Bienen, denn er und seine Freundin haben angefangen zu imkern. Er spricht mit ihr auch übers Studium und seine aktuellen Probleme.

Sie segnet ihn mit einem Spruch aus Jeremia 29. Sie sagt ihm Gottes Segen zu. Sie schreibt es ihm auf: „Gott hat dich mit deinem Bienenvolk gesegnet und wird dir auch beim Studieren helfen." Alexander kann das annehmen und ist berührt.

Ich gehe morgens zum Gottesdienst, danach bin ich innerlich völlig davon überzeugt, dass Samuel, unser Pastor, die Predigt nur für mich gemacht hat! Ich bin sehr betroffen und denke, Gott möchte mir was zeigen. Sagen kann ich das ja nicht wirklich. Wer möchte das denn hören??

Nachmittags bin ich bei einer Freundin. Sie feiert Geburtstag. Dort frage ich einfach mal in die nette Runde: „Sagt mal, kennt Jemand von euch Jemanden, der Jemanden kennt, der in München ein Zimmer zu vermieten hat?"

Ja tatsächlich. Im gemütlichen Plausch stellt sich heraus, dass es da bei einer Bekannten meiner Freundin Kontakte zu einem leerstehenden Zimmer mitten in Schwabing gibt. Es hat auch noch ein paar Umwege gebraucht. Aber wir durften erleben, dass es tatsächlich zustande kommt.

Alexander hat das Zimmer bekommen.

Zehn Minuten von der Uni entfernt. Eine sehr nette Vermieterin. Mit Familienanschluss also.

Gott will mir was sagen. Ich weiß das.

Und du weißt es jetzt auch. Solltest du dies irgendwann lesen, werde ich mich nicht wundern.

Mindestvoraussetzung um heil zu werden

Es überrascht mich, als ich bei Markus 6, 1-6 lese, dass Jesus in seiner Heimatstadt Nazareth keine Wunder tun konnte.

Es steht da nicht, dass er nicht helfen wollte, sondern dass er nicht konnte!

Viele Menschen wurden zu der Zeit von Jesus geheilt. Sein Weg führte ihn aus Galiläa nach Nazareth. Er lehrte in ihren Synagogen und wurde von vielen verehrt. Es versammelten sich oft große Menschenmengen um ihn.

Er reiste also in seine Heimatstadt Nazareth und hatte im Vorfeld schon viele Wunder getan und auch nach seiner Abreise schrieb Jesus seine Geschichte als Heilsbringer weiter fort. Jesus lehrte auch in Nazareth in der Synagoge. Die Zuhörer waren erstaunt über sein Wissen!

Und doch kamen die Menschen zu dem Schluss, dass er ja nur ein Zimmermann sei, der Sohn von Maria und Josef. Sie fingen an, sich über ihn zu ärgern! Und in diesem Verhalten liegt nun auch der Grund, warum er ihnen nicht helfen konnte! Sie glaubten einfach nicht an ihn!

Jesus war nicht überrascht, dass sie nicht an ihn glaubten. Schließlich wusste er, dass ein Prophet überall verehrt wird, nur nicht in seiner eigenen Heimatstadt! Die Menschen sahen nicht die Veränderungen, die Jesus seit seiner Kindheit durchlebt hatte! Für sie war er der Sohn des Zimmermanns geblieben. Andernorts predigte er mit großer Autorität, so dass sich tausende Zuhörer um ihn scharten.

Aber Jesus musste den Leuten nichts beweisen! Er versucht nicht die Menschen, die er ja zum Teil auch schon aus seiner Kindheit kannte, umzustimmen. Nein, Jesus wunderte sich über Ihren Unglauben! Er nahm die dadurch verursachte Einschränkung seiner Heilskraft an. Ihm war klar, dass Gott ihn mit der Kraft des Heiligen Geistes erfüllt hatte und er in seinem Auftrag handelt.

Ich erkenne, dass es eine Mindestvoraussetzung für Hilfe gibt! Die Bereitschaft sich helfen zu lassen, sowie das Vertrauen zum Helfer, damit dieser überhaupt in Aktion treten kann! Wenn ich also nicht glaube, dass mir jemand helfen kann, werde ich es auch nicht zulassen. Ich werde ihn abwehren! Genau das haben die Menschen in Nazareth getan! Sie haben ihn abgewehrt und abgewertet und ihm deshalb die Macht des Handelns genommen!

Wir Menschen machen gerne etwas wovon wir denken, wir hätten einen Vorteil daraus. Wir mögen sinnstiftendes Handeln. Hier lohnt es sich wirklich die eigene Haltung zu Gottes Kraft zu überdenken und Jesus als Heilsbringer in Aktion treten zu lassen! Er kann aus jedem Fehler etwas Gutes machen!! Jesus als Heilsbringer kann alte Wunden mit der Macht schließen, die ihm von Gott dafür gegeben wurde!

Neue Wege gehen

Langsam und vorsichtig. Bedächtig und umsichtig.
Der unbekannte Untergrund trägt mich. Lässt zu, dass ich meine Schritte gehe.

Altes zurücklasse. Gewohntes verlasse und Vertrautes vermisse.
Ich vertraue mir.
Ziehe nicht länger meine Kreise. Wage es.

Sehe nach vorne. Konzentriere mich und schenke mir die Aufmerksamkeit die ich brauche, um anzukommen.

Ohne Zögern gehst du mit

Groß ist mein Versagen, Herr.
Doch habe ich erlebt, dass du meinen Weg mitgehst.
Ohne Zögern meine falschen Entscheidungen mit mir trägst, mich nicht verlässt, solange ich an dir von Herzen festhalte. Das tue ich.
Ich kann immer mehr von dem verstehen, was Du mir zu sagen hast. Dabei hilft mir der Heilige Geist, dass mein Verständnis für Dich wachsen kann. Langsam. Stetig. Voller Liebe bist Du für mich da. Deine Widersacher möchten mich glauben lassen, dass ich nicht gut genug bin für Dich. Nein, gut genug kann ich nicht sein für Dich. Du bist voller Güte, Reinheit und Selbstlosigkeit. Aber du liebst mich. Das hast du mir zugesagt. Du wartest auf mich, auch wenn ich versage. Ich darf mich immer wieder neu auf den Weg zu Dir machen!

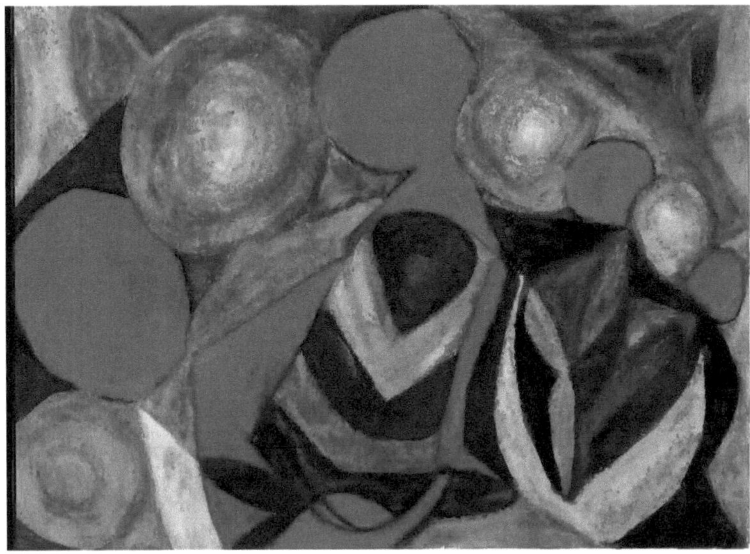

Sehen wie du mich siehst

Ich kann mich nie durch deine Augen sehen.
Würde ich so gern. Sehen wie du mich siehst!
Du der Vater. Ich dein Kind. Du so unvorstellbar für mich!
Ich kann mich nie durch deine Augen sehen.
Würde ich so gern. Sehen wie du mich siehst!
Vielleicht wär ich dann nicht so streng mit mir.
Gelassen und voller Zuversicht.

Und nun?

Bisher war es für mich ein machbares Leben.
Jetzt sitze ich da und merke, dass es außerhalb der erwählten Grenzen schwierig ist. Meine Ohren dröhnen, mein Kopf ist taub im Schmerz.
In mir klingt es hohl.
Ich finde keinen Raum im Getümmel da draußen. Es ist Lärm überall.
Selbst das Vogelgezwitscher ist nicht lieblich, sondern fordernd und laut.
Ich fühle mich kraftlos, freudlos und leer.

Dabei sehe ich doch wie sehr du mich beschenkst, Herr.
Jeder meiner Tage ein Geschenk von dir. Nur für mich. Aber ich bin ohne Kraft.
Selbst die Stille klingelt in meinen Ohren.
Du sagst ich darf alles hinter mir lassen.
Bei dir ist Vergebung. Deine Vergebung ist echt .Du erfüllst mein Leben.
Das ist mehr als nur der Verzicht auf billige Rache und ein freundliches Wort.
DU VERGIBST MIR
Ich möchte mich nicht so gerne mit mir beschäftigen.
Aber jetzt ist es wohl nötig. Hier sehe ich sonst keinen Weg weiter.

Aber du bleibst an meiner Seite, Herr.
Wie ein sicheres Geländer, dass mir Halt gibt auf meinem Weg.
Wie ein sanfter Rückenwind.
Egal wo mein Weg mich hinführt.
An meiner Seite bist du, mein Vater.

Wenn du gar nicht aufrechnest wie ein Buchhalter?

Was wäre wenn? Diese Frage ist in der Regel ja nicht wirklich hilfreich, solange sie mich in eine Welt hineinträumen lässt, die derzeit nicht realistisch ist. Und trotzdem brauche ich solche Visionen für das Leben im Jetzt und Hier, um meinen Kopf frei zu kriegen. Ich merke, es verändert mich, stresst mich, macht mich ungenießbar, wenn ich versuche alle Raster und Regeln, die in mir eingehämmert sind, zu bedienen. Da hilft mir die „Was wäre wenn?" Frage sehr. Sie lässt ein bisschen Platz in mir fürs Freidenken und Träumen. Damit komm ich weg von der Trägheit, die sich bemerkbar macht, bei den sich immer wieder aufs Neue wiederholenden Aufgaben. In vielen Situationen stelle ich fest, dass die Welt sich weiter dreht, auch wenn ich nicht funktioniere, wie ich es von mir erwarte. Was hatte ich denn gedacht? Dass sich alle unerledigten Aufgaben zusammentun und in einer großen Lawine über mich hereinbrechen und mich niederstrecken? Ich merke, dass dieses Denken des „Pflichtbewusstseins" sich auch in mein Leben als Christ und in meine Beziehung zu Gott eingenistet hat. Und, dass ich da auf einem Weg bin, Gott in Schubladen zu packen und versuche durch Leistung bei ihm zu glänzen. Insgeheim stelle ich mir nämlich vor, wie dort in der Ewigkeit ein Ort ist, wo meine Sünden und Verfehlungen penibel aufgelistet sind. Und ich hoffe inständig, dass es dort sowas wie eine Waage gibt, wo meine „guten Werke" versuchen ein Gegengewicht zu meinen Versäumnissen und Fehlern zu schaffen. Als ich in der Bibel von Paulus und seiner Berufung lese, merke ich, dass Gottes Verhalten sich nicht auf menschliches Ermessen festschreiben lässt. So sehr ich mir das auch wünsche, Gott „berechnen" zu können. Oder irgendeine Formel anwenden zu können, die mir seine Betrachtungsweise und sein Wesen näher bringt. So sehe ich doch, dass Gott seine eigenen Wege hat. Und die sind nicht vertraglich festgehalten. Gott ist unkonventionell. In Paulus sucht er sich zum Beispiel einen Mann aus, der Jude ist, und gegen die Verbreitung des Christentums vorgeht.

Paulus verfolgt Christen mit aller Härte. Ich lese über die Bekehrung von Saulus zu Paulus in der Apostelgeschichte Neun. Da gibt es eine Menge an Schuld, die Paulus auf sich geladen hat! Und er denkt noch nicht einmal selber darüber nach, ob seine grausamen Werke ein Ende finden sollten. Er möchte seine Aufgabe gut erfüllen und schreckt vor Brutalität und Gewalt nicht zurück.

In der Apostelgeschichte 9,3 ff steht: „Auf dem Weg nach Damaskus umstrahlte ihn plötzlich vom Himmel her ein blendendes, helles Licht!“ Er fiel zu Boden und hörte eine Stimme sagen: „Saul, Saul! Warum verfolgst du mich?“ Saul fragte: „Wer bist du Herr?“ Die Stimme antwortet: „Ich bin Jesus, den du verfolgst! Steh auf, und geh in die Stadt, dort wirst du erfahren, was du tun sollst! Als Saul sich vom Boden erhebt und seine Augen öffnet, kann er nicht mehr sehen. Seine Begleiter führen ihn nach Damaskus. Er bleibt drei Tage lang blind und während der ganzen Zeit isst und trinkt er nichts.

Gott hat ihn also bis aufs Mark erschüttert, diesen Saul. Drei Tage nicht sehen. Nichts mehr essen und trinken, drei Tage lang. Ich versuche mir vorzustellen, was da in Saul passiert. Er ist jetzt angewiesen auf die Gnade und Großzügigkeit dessen, wegen welchem er durchs Land zog und Christen verfolgt und getötet hat. Nach menschlichem Ermessen betrachtet ist das keine aussichtsreiche Lage. Aber Gottes Handeln macht aus Saulus einen Menschen, von dem Gott selber sagt: „Er ist mein auserwähltes Werkzeug.

Aus Saulus wurde Paulus und dieser trug durch seine Reisen und sein Predigen wesentlich dazu bei, dass sich das Christentum in der Welt ausbreitete.

Das ist eine sehr unkonventionelle Geschichte, deshalb könnte ich mir gut vorstellen, dass du kein akribischer Buchhalter bist, Gott.

Es ist also für Gott alles möglich.

Und es ist möglich, dass Gott gar nicht aufrechnet wie ein Buchhalter!

Und es ist möglich, dass Gott mich auf Mark und Bein erschüttert!

Und es ist möglich, dass Gott aus meinen Fehlern etwas Gutes macht!

Wie hat sie das nur ertragen?

Ich habe oft das Bild vor Augen, dass ich Jesus Mutter Maria in der Nähe des Kreuzes stehen sehe, an dem ihr Sohn mit dem Tod gerungen hat. Ich frage mich, wie sie das aushalten konnte! Klar, als Mutter fragt man dich nicht, was du aushalten möchtest! Du kannst es dir nicht aussuchen.

So ging es auch Maria. Sie wusste ja, dass sie ein besonderes Kind geboren hatte. Und sicher hat sie die Schritte ihres Sohnes mit Argusaugen beobachtet.

Er hat kein Leben geführt, wie die anderen Söhne.

Er war unbequem für die wohlhabende Gesellschaft. Es war ihm nicht wichtig erfolgreich und angesehen zu sein! Er ging zu den Armen und Kranken. Er hat sich losgelöst aus dem Verbund der Familie und hat sich mit Menschen umgeben, die bereit waren, ihm nachzufolgen.

Maria aber bleibt seine Mutter. Kein anderer Mensch auf dieser Welt, liebt ihn wie sie. Tröstet und sorgt für ihn wie sie. An ihrer Seite ist er herangewachsen. Sie ist mit ihm verbunden, wie niemand sonst.

Und wie bei anderen Müttern und Vätern, ist auch hier die Loslösung des Kindes von den Eltern, ein ganz normaler, gesunder Prozess.

Jesus kündigt sein Fortgehen aus der Welt an.

Er redet vom Hass der Welt, der ihn trifft. „Schon bald werdet ihr mich nicht mehr sehen, " sagt er in Johannes 16,16. „und nach einer weiteren kurzen Zeit, werdet ihr mich wieder sehen!"

Er versichert den Jüngern, dass sie weinen und trauern werden. Und dass sich die Trauer und die Schmerzen von einem Augenblick zum anderen in große Freude verwandeln.

Er vergleicht diesen Prozess mit dem einer Geburt. Es wird sein, wie bei einer Frau in den Wehen. Wenn ihr Kind geboren ist, verblassen die Schmerzen angesichts der Freude, dass ein neuer Mensch zur Welt gekommen ist.

Zurück zu Maria, die mit ihrer Schwester, sowie der Frau von Klopas und mit Maria Magdalena in der Nähe des Kreuzes steht. Auch der Lieblingsjünger von Jesus ist dabei. Der Augenblick, wo die hasserfüllte Meute Jesus ans Kreuz bringt, steht bevor.

Als Jesus seine Mutter dort neben dem Jünger, den er lieb hatte stehen sah, sagte er zu ihr: „Frau, das ist jetzt dein Sohn!" Und zu dem Jünger sagte er:" Das ist nun deine Mutter!" (Johannes 19,26)

Ich denke warum hat er wohl nicht so etwas Ähnliches gesagt wie: „Mutter ich liebe dich! Es tut mir leid, dass du so einen großen Schmerz ertragen musst! Schau dir das nicht an! Denk dran, wir haben ein Bündnis mit Gott!"

Aber ich kann mir das vom Schreibtisch natürlich in Ruhe gut ausdenken. Ich steh ja nicht vor meiner Kreuzigung. Gepeinigt, misshandelt und den grausamen Tod vor Augen! Jesus hat nur zwei Sätze gesagt! Er hat seine Mutter angesehen und gesagt: „Frau, das ist jetzt dein Sohn!" Und er hat Johannes angesehen und gesagt: „Das ist nun deine Mutter"(Johannes 19,26+27)

Von da an nahm der Jünger die Mutter Jesu zu sich in sein Haus. Jesus hat Maria mehr als nur Worte gegeben. Er hat ihr einen lieben Menschen an die Hand gegeben, der ihr im Alltag zur Seite steht. Jesus hat zwei Menschen zusammengebracht, die er liebte.

Das ist ein Plan, mit dem die beiden hier mitten im Leben weiterkommen! Sie können sich helfen, versorgen und sich gegenseitig stützen.

Es ist also echte, greifbare Hilfe, als Jesus dafür sorgt, dass Johannes seine Mutter wie ein Sohn zu sich nimmt. Jesus ist klar in seinem Handeln. Es nützt nichts, daran zu verzweifeln, warum Jesus so grausam den Tod finden musste, warum er nicht bei Maria und den

Freunden bleiben konnte! Schließlich wissen Maria und Johannes um seinen Auftrag! Jesus handelt ganz praktisch, fürsorglich und alltagstauglich. Er sieht die Dinge, wie sie sind und sorgt für die Menschen, die mit ihm verbunden sind. Hinter seinem Handeln steht die Sorge für alle Menschen.

Er ging persönlich ans Kreuz, damit die Auferstehung für uns alle sichtbar werden konnte! Jesus hat sich das Leid nicht erspart. Auch seiner Mutter, seiner Familie und seinen Freunden nicht. Ich begreife das wieder neu. Ich danke dir Jesus, für deinen Weg, deinen Mut, deinen Schmerz. Ich danke dir Maria, Mutter Gottes, dass du für uns solches Leid ertragen hast!

Wie wenig ist genug?

Ich ringe mit mir. Ich versuche im Rahmen des mir möglich Erscheinenden weiterzugeben, was ich an Gutem in meinem Leben empfangen habe.

Aber was dann in meinem Alltag übrig bleibt an Geld, Zeit und Kraft, ist wohl weniger als ein Tropfen auf den heißen Stein, obwohl ich mich wirklich bemühe.

Und nicht selten ist es eher blinder Aktionismus und Egoismus, der mich leitet. Dabei muss ich schon ganz schön mit meinen eigenen Kräften haushalten. Die plötzliche Erschöpfung ist seit einiger Zeit ein unvermutet in mein Leben gekommener Begleiter.

Die Sorgen der Welt kümmern mich. Ich wünschte mir wirklich die Not der Welt lindern zu können. Das Leid hat so viele Gesichter. Ich bin froh, dass ich den Schmerz und die Ungerechtigkeit unserer Welt zu Gott bringen darf.

Gott hat eine Meinung zum „Teilen“ und „Geben“.

Mir fallen in der Bibel zwei Stellen im Markusevangelium auf, die sich damit beschäftigen. Einmal beobachtet Jesus, wie eine Witwe zwei kleine Münzen in den Opferkasten einlegt und seine Jünger zu sich ruft und sagt: „Ich versichere euch, diese arme Witwe hat mehr gegeben als die anderen. Die anderen haben nur einen winzigen Bruchteil von ihrem Überfluss abgegeben. Diese Frau, so arm sie ist, hat alles gegeben, was sie besaß.“

Jesus sieht die Vorkommnisse und Taten also in Beziehung zueinander. Er relativiert. Die Witwe hat alles gegeben, was sie besaß. Ich bewundere diese Frau.

Sie hat nichts zurückbehalten, für den Fall, dass Gott ihr vielleicht doch nicht weiterhilft, wenn es darauf ankommt. Wenn ihre Not zu groß wird.

Ich denke, das Vertrauen, dass Sie Gott im Geben darbringt, steht bei Jesus an erster Stelle. Es geht nicht so sehr um die zwei Münzen. Es geht um die Bereitschaft und das Tun, sich ganz einzubringen.

In meinem Leben wird die Nähe zu Gott immer dann sichtbar, wenn mir solche Großzügigkeit begegnet, ohne dass ich irgendetwas dazu beigetragen habe.

Wenn ich merke, diese besondere Situation habe ich geschenkt bekommen. Das gibt es mit keinem Geld irgendwo auf der Welt zu kaufen. Da verändert sich etwas in mir. Wenn mich ganz unerwartet Großzügigkeit eines anderen Menschen trifft, spüre ich, wie Gott sich auswirkt in meinem Leben. Das kann sein, wenn für mich Unlösbares einen Weg findet. Mir ganz persönlich ist das schon passiert. In vielen kleinen Situationen, aber auch wenn es Spitz auf Knopf steht.

Immer wieder aufs Neue, wenn ich erleben darf, wie Gott mein Gebet erhört, werde ich erlöst von den Zweiflern dieser Welt.

Wenn ich das erleben darf, verändert und berührt es mich. Dann kann ich ganz zu mir kommen und die Dankbarkeit sprengt fast mein Herz. Es ermutigt mich, mir weiter darüber Gedanken zu machen, wie ich die Nächstenliebe weitergeben möchte. Und es ermutigt mich, dass auch kleine Botschaften und Gaben, eben aus einer Herzensperspektive der persönlichen Zuwendung heraus, ihren Empfänger finden. Und ich freue mich, dass Sie bei Gott gesehen sind. Und ich hoffe sehr, dass er eines Tages auch über mich sagt: “Diese Frau hat getan, was in Ihrer Macht steht.“

Wo ich selbst nicht weiterkomme

Die Welt verändern zu können, das wäre wunderbar.
Selber ein bisschen besser, ja weiser zu sein.
Jesus. Du bist der Weg, die Wahrheit und das Licht.
Das ist dein Geschenk für mich.

Dir darf ich vertrauen wo ich selbst nicht weiter komme.
Du machst alles neu. Du siehst mein Leben auf eine Weise,
wie ich es nicht sehen kann!

Zwanzig Jahre zu spät

Ich komme zurück von einem Besuch bei meinem Onkel in Südtirol.

Meine Tante ist erst vor kurzem verstorben.

Wenn ich darüber nachdenke, dürften 20 Jahre vergangen sein, seit wir uns das letzte Mal begegnet sind. Sie waren zu Besuch am Sterbebett meines Vaters bei uns zu Hause.

Wenn ich in meine Kindheit zurückblicke sehe ich meine Tante als liebevolle, aufgeweckte, fleißige, schöne Frau, die sich ihren Humor bewahrt hat.

„I had a long childhood, I don´t even know if it´s over“ schreibt Alessandro Mendini. (Ich hatte eine lange Kindheit, ich weiß noch nicht einmal, ob sie bereits vorüber ist)

„Schön, dass er seine Kinderzeit so erleben durfte“, denke ich. Für meine Kindheit sehe ich das nicht. Sie ist lange vorbei. Und damit waren auch die Erinnerungen an meine Tante nur sehr vage und verschwommen.

Ich sehe sie nun wieder, nur nicht so, wie ich es mir gedacht hatte!

Es nützt nichts, darüber nachzusinnen, warum ich nicht schon eher hergekommen bin!

Ich habe es nicht vermute, dass in mir eine Sehnsucht nach ihr wohnt!

Jetzt habe ich, Gott sei Dank, noch einmal die Möglichkeit zu sehen, wie sie gelebt hat. Die Stadt in der sie wohnte ist von Bergen umgeben; die Natur prägt diesen Ort und streichelt die Seele.

Mein Onkel erlaubt mir einen Einblick in Ihr Leben. Ich darf mich auf ihren Lieblingsplatz setzen, wo die Berge ein wundervolles Panorama bilden, wenn sie Handarbeiten gemacht hat! Ich kann in ihrem Garten sein und er schenkt mir von Ihren wunderbaren Rosen. Es macht ihm nichts aus, dass ich ihre Bücher durchblättere und mich an persönlichen Notizen, Bildern oder kleinen Zettelchen erfreue. Sie hat Sonnenblumen geliebt. Das sehe ich überall in Ihrem Haus. Ich bin sehr dankbar, dass ich das noch so persönlich sehen und erfahren darf, schließlich komme ich spät.

Ich war nicht zur Beerdigung. Ich war nicht im Krankenhaus, um sie zu besuchen. Ich habe ihr Leben nicht geteilt.

Ich stelle fest, dass ich ihr in vielem ähnlich bin. Ich mag die Bücher und Sprüche, die sie gelesen hat. Ich mag die Blumen, die sie mit Liebe und Geschick gepflanzt hat. Sie hat sich ihr Leben so schön eingerichtet, wie es ihr möglich war.

Es freut mich zu hören, wie ihre Freunde sie beschreiben und wie mein Onkel liebevoll von ihr spricht. Auch vierundfünfzig gemeinsame Ehejahre gehen zu Ende.

Es bleibt viel von ihr hier in den Herzen der Menschen, die dankbar sind, dass sie das Leben mit ihr teilen durften. Es macht mir ein gutes Gefühl.

Ich freue mich, ihr noch einmal in Gottes Reich zu begegnen!

Ich bitte Dich Gott, dass Du das möglich machst!

Printed by Books on Demand GmbH, Norderstedt / Germany